Klaus Lange

Kurze Geschichten aus Platons Höhle

Klaus Lange

Kurze Geschichten aus Platons Höhle

Rediroma-Verlag

Bibliografische Information der Deutschen Nationalbibliothek:
Die Deutsche Nationalbibliothek verzeichnet diese Publikation in der Deutschen Nationalbibliografie; detaillierte bibliografische Daten sind im Internet über http://portal.dnb.de abrufbar.

ISBN 978-3-98885-507-7

www.rediroma-verlag.de
6,95 Euro (D)

Inhalt

Kurze Geschichten aus Platons Höhle

Versuch einer Erklärung des Titels:

Platons berühmtes Höhlengleichnis hat mich fasziniert, seitdem ich im Griechisch – Unterricht damit bekannt gemacht worden war.

Dass unsere Welt nur ein schattenhafter Abklatsch der realen Realität sein könnte, wie es Platon mit seinem Gleichnis suggeriert, hat mich vor allem aus zwei Gründen inspiriert: Einmal deshalb, weil die Vorstellung des Lebens in einer unvollständigen Schattenwelt die Phantasie dazu anregte, sich die wahre und komplette Welt vorzustellen, zum anderen deshalb, weil im Wissen um die schattenhafte Unzulänglichkeit der Welt, in der wir quasi „leben" sich Trost und Hoffnung mit Blick auf die Möglichkeit verbinden, dass wir irgendwann und irgendwie die umfassende Wahrheit des Seins schauen können.

Vor diesem Hintergrund habe ich wahllos einige Episoden aus meinem Leben in der Hoffnung herausgegriffen, dass gerade ihre demonstrative Banalität die Frage nach einem Mehr, welches doch hinter aller Banalität liegen kann, belebt.

Ich will sagen, dass gerade die Banalität dem flüchtigen Strich des Zeichners ähnlich ist, der das Mehr ahnen lässt, über das der Künstler, sprich: das Leben, verfügt.

In diesem Sinn möchte ich die nachfolgenden banalen Geschichten als Mosaiksteine verstanden sehen, die gerade in ihrer Vereinzelung und Dürftigkeit eine Ahnung von dem Mehr allen Lebens aufsteigen lassen, welches ein wunderbares Gesamtbild sein dürfte.

Auch Platon hat über die Möglichkeit und die Konsequenzen gesprochen, die ein Verlassen der schattenhaften Höhlenwelt mit sich bringen könnte. Vielleicht vermitteln die unten skizzierten wenigen banalen Lebensfragmente die Ahnung des wunderbaren Gesamtbildes, welches jenseits aller sprachlichen Darstellungsmöglichkeiten aufscheint.

Im Sandkasten

Eine Erinnerung aus frühester Kindheit:

Ich sitze mit einer kleinen Schaufel im Sandkasten. Der Sandkasten befand sich im Garten eines Waisenhauses, das den Namen „Marienanstalt“ trug.

Ich war gerne dort, weil ich dort mit anderen Kindern spielen konnte, weil mir dort die Nudelsuppe schmeckte und weil dort auch Theater gespielt wurde.

Unsere Hausangestellte Dora, die ich sehr, sehr gern hatte, hatte mich irgendwann einmal in die Marienanstalt mitgenommen, in der sie bis zum 17. Lebensjahr aufgewachsen war, als sie von meinen Eltern, wie weiß ich nicht mehr, requiriert worden war.

Die Schwestern der Marienanstalt waren wohl immer froh, wenn einer ihrer Schützlinge irgendwie untergekommen war. Dora war im Jahr 1946, 5 Monate nach meiner Geburt, bei uns untergekommen.

Ich saß also im Sandkasten und beobachtete mit kleinkindlicher Aufmerksamkeit eine Wespe, die auf einem von mir aufgeworfenen Sandhäufchen herumkrabbelte.

Ich glaube mich zu erinnern, dass es ein Tag mit warmem Wetter gewesen war.

Von unvermittelter Neugierde bewegt, berührte ich die Wespe mit meinem Zeigefinger: Noch heute nach so vielen Jahrzehnten habe ich eine gewisse Erinnerung an den Schmerz des Wespenstiches.

Was dann passierte habe ich vergessen.

Meine Erinnerung setzt da wieder ein, als ich meiner Mutter den von wem auch immer verbundenen Finger entgegenhielt.

Was ich damit zum Ausdruck bringen wollte, weiß ich nicht mehr, auch kann ich keine Mutmaßungen dazu anstellen.

Auf jeden Fall war mir besondere Aufmerksamkeit zuteilgeworden.

Ach ja: Ganz deutlich erinnere ich mich, dass das Aussehen der Wespe von einem strahlenden Gelb dominiert war.

Ende

Danke für die glückliche Heimkehr/Das „wahre Italien".

1956 fassten unsere Eltern den Entschluss, dass wir, dem damaligen Trend folgend, unseren nächsten Urlaub nicht mehr am Bodensee, sondern in Italien verbringen sollten. Das Ziel war Rimini und unser Vater buchte zwei Wochen Vollpension in der Pension „Riccafede". Ich weiß noch, dass der Preis (Vollpension) pro Person und Tag 10 DM betrug. Darin war auch die Benützung eines Sonnensegels am Strand eingeschlossen.

Dieser Urlaub begeisterte uns alle, auch unsere Perle Dora, auch wenn diese in Schrecken verfiel, wenn einmal Pasta mit Fisch serviert wurde. Im nächsten Jahr wurde wiederum die Pension Riccafede gebucht und die zwei Wochen im August erschienen uns wiederum wie ein Aufenthalt im wunderbarsten Märchenland.

Als es dann an die Planung des 1958er – Urlaubs ging, lancierte ich die Idee, dass wir uns doch einmal vielleicht auch die Riviera westlich von Genua anschauen sollten. Meine Motivation: Ich hatte inzwischen alles von Hans Hass gelesen und wollte einmal eine reichere Flora und Fauna erleben als sie der öde Sandboden des Rimini – Wassers bot. Ich hatte herausgefunden, dass es an der Riviera auch felsige Abschnitte gab, von denen spannendere Unterwassererlebnisse zu erwarten wäre, als sie die Adria bei Rimini bieten konnte.

Die Eltern waren gegenüber meiner Idee aufgeschlossen und verkündeten, dass wir doch einmal ganze vier Wochen im sonnigen Süden verbringen könnten. Allerdings wollten sie aus Kostengründen eine Ferienwohnung mieten, was nicht zuletzt auch den Vorteil bieten würde, dass wir uns selbst mit „deutscher“ Kost würden versorgen können.

Aus den diversen Angeboten wurde schließlich eine große Wohnung im Zentrum von Diano Marina herausgefiltert, - die, was unserem Nachkriegs–Prestigedenken schmeichelte, dem Bürgermeister gehörte.

Unser Urlaub an der Riviera war dann aber nicht nur von Glücksgefühlen bestimmt:

Meiner Mutter missfiel es, dass die großen hohen Räume der Bürgermeisterwohnung zu dunkel waren. Sie hatte sich vielmehr eine helle, moderne Ferienwohnung ausgemalt.

Mein Vater vermisste den großen breiten Sandstrand von Rimini; außerdem erschien ihm die tägliche Miete für Liegestühle und den Sonnenschirm als grausam teuer.

Wir alle vermissten schließlich den abendlichen Eisschleck – Korso von Rimini, bei dem es immer so viel zu schauen gab.

Ich aber war zufrieden mit den bunten Gewächsen und den vielen Fischen, die ich beim Schnorcheln entlang der Felsen, die unsere Badebucht einschlossen, entdecken konnte.

Nach etwa zwei Wochen zwischen Wohnung und Strand schlich sich eine gewisse Langeweile ein und meine Mutter lancierte den Vorschlag, dass wir doch einmal in die Hügel hinter dem Ort wandern könnten, wo, wie sie es formulierte, man sicher „das wahre Italien“ entdecken könnte.

Eines Tages marschierten wir am frühen Nachmittag raus aus dem Ort der wachsenden Langeweile und folgten einem schmalen Schotterweg, der in sanfter Steigung in die Hügel führte.

Der Duft der Macchia wurde intensiver, ebenso wie das silbrige Grün der Olivenbäume. Dann tauchten unvermittelt die ersten Häuser eines Ortes auf, dessen Namen ich vergessen habe, der aber so ganz anders war als alles, was ich bisher gesehen hatte: Winkelige Gässchen, die ganz unvermittelt im Feld abbrachen, über dem ununterbrochener Zikaden - Lärm lag, der sich an den kleinen Häusern des Ortes brach. Ansonsten war da kein Mensch und nur laute Stille aus leichtem Wind und Zikaden – Echo.

Aber dann, als wir um eine Ecke bogen, war da eine kleine Kneipe mit zwei Tischen vor dem Eingang mit dem Perlenvorhang. An einem Tisch saßen drei alte Männer und spielten ein unbekanntes Kartenspiel.

Meine Mutter war auf einmal wie elektrisiert, wohl weil durch den Wein ihre Hoffnung auf Entdeckung des „wahren Italien“ plötzlich erfüllbar schien: „Wir sollten uns jetzt eine kleine Weinprobe gönnen“ meinte sie mit Entdeckerfreude in der Stimme. Und: „Man muss die Feste feiern, wie sie fallen.“

Dann kam es zu der Entwicklung, die mir diese Episode tief eingeprägt hatte: Ein Wirt undefinierbaren Alters schlurfte an den Tisch und stellte einen großen Krug mit Rotwein auf unseren Tisch. Wer die Bestellung aufgegeben hatte, ist mir nicht mehr in Erinnerung.

Mein Vater nahm den ersten Schluck aus seinem Glas, dann folgte meine Mutter und nach gar nicht langen Minuten wurde ich ermuntert, doch auch einmal zu probieren. Ich folgte der Aufforderung und nahm mehrere große Schlucke, obwohl mir der Wein überhaupt nicht schmeckte und ich viel lieber eine Cola oder einen Apfelsaft gehabt hätte.

Dann aber baute sich sehr schnell die Wirkung des Alkohols in meinem 14jährigen schmächtigen Körper auf: Mein Gesicht fühlte sich mehr und mehr pelzig an, ich verspürte zunehmend eine wunderbare seelische Leichtigkeit, zusammen mit dem

Drang über jede Nichtigkeit einen unwiderstehlichen Lachreiz zu entwickeln und als ich die Toilette aufsuchen wollte, hatte ich große Schwierigkeiten meine Beine zu koordinieren.

Der unattraktive Geschmack wurde durch den psychischen Höhenflug mehr als kompensiert.

Wie sich alles genau weiter entwickelte, kann ich kaum mehr rekonstruieren. Jedenfalls marschierten wir noch zur nächsten Ansiedlung, die etwa einen halben Kilometer entfernt war.

Es folgte die gleiche Prozedur mit dem Unterschied, dass der Wein nicht rot, sondern hellgelb war.

Meine Mutter, ebenfalls bereits beflügelt, verstieg sich zu der Bemerkung, dass der Wein wie Blumen duften würde.

Im Leeren des Glases stand ich meinen Eltern nun nicht mehr nach.

Ergebnis: Ein Vollrausch beim Rückmarsch, den ich nur dadurch bewältigte, dass ich mich krampfhaft bei meinem beschwingten Vater einhängte, der mich hügelabwärts quasi hinuntertrug.

Ich habe keinerlei Erinnerung mehr daran, wie es den anderen Mitgliedern unserer Gruppe erging, - Dora, meiner Mutter und meinem Bruder, der aufgrund altersbedingten Alkoholverbotes wahrscheinlich der nüchternste war.

Ach ja, ich habe noch eine Erinnerung an einen sternenübersäten Nachthimmel und an einen lauen

Wind, der durch die silbrigen Blätter der Olivenbäume strich.

Dann waren wir irgendwann wieder in unserer Ferienwohnung mit den hohen Decken und ich sagte zu meinem Vater, wie es mir meine Mutter später erzählte, „vielen Dank für die glückliche Heimkehr".

Rückblickend war dieser Ausflug ein Schlüsselerlebnis, denn seitdem war das Wissen um die befreiende Macht des Alkohols unauslöschlich bei mir einprogrammiert.

Gott sei Dank!

Ende

Erste Ahnung

Die längste Zeit meines Lebens habe ich mit den verschiedensten philosophischen Ansätzen herumdilettiert:

Ich suchte, im pubertären Alter von 14, Erleuchtung in Buddhas „Lehren des Erhabenen“, die ich in der Reihe „Goldmanns gelbe Taschenbücher“ entdeckte. Mit diesem Buch setzte ich mich gerne auf eine Bank im Stadtpark, las darin, ohne viel zu verstehen, hielt das Buch aber so, dass die Vorübergehenden den Titel lesen konnten. So versuchte ich, - gegenüber mir und vor allem den Anderen -, interessante und außergewöhnliche Identität zu beschwören. Ich wollte unbedingt auf ehrfurchtgebietende Weise anders sein als die anderen.

Dann habe ich über Jahrzehnte hindurch gedanklich herumgewildert: Bei den Vorsokratikern, in der Scholastik, der schottischen Aufklärung, im italienischen Humanismus, bei Kant und dem deutschen Idealismus, wo mir Hegels „absoluter Geist“ mit seiner Entäußerung und Rücknahme der Entäußerung ein gewisses Aha – Erlebnis verschaffte und so weiter und so fort. Die sogenannte analytische Philosophie empfand ich als zu dürr für meinen Anspruch auf umfassende Erleuchtung oder „Sartori“ und dann brachte mich ein Gedanke von Wittgenstein auf die Idee, dass ich mich mit meiner Herumschmökerei möglicherweise in einer Sackgasse verirrt hatte.

Irgendwo hatte ich bei Wittgenstein folgendes gelesen:

„Ein Mensch ist in einem Zimmer gefangen, wenn die Tür unversperrt ist, sich nach innen öffnet, er aber nicht auf die Idee kommt, zu ziehen, statt gegen sie zu drücken."

Diese Passage bei Wittgenstein war mir eine Offenbarung: Plötzlich glaubte ich zu wissen, dass es einen anderen Weg zum Wissen gibt als die philosophische Erbsenpflückerei: man musste an der Türe ziehen, anstatt gegen sie zu drücken.

Ich ging in den wunderbaren gotischen Dom meiner Stadt, setzte mich in die hinterste Reihe und ließ das Gewölbe auf mich wirken. Nach Ablauf einer Zeitspanne, die ich nicht schätzen kann, konnte ich plötzlich an der Türe ziehen und mehr kann ich nicht mehr sagen, weil ich den Bereich von Denken und Sprache verlassen hatte. So einfach ist das Weiterkommen und doch habe ich Jahrzehnte dazu gebraucht, bis ich an der Türe gezogen habe, anstatt gegen sie zu drücken.

Das ist alles.

Ende

Stammtischgespräch und so weiter

Die im Anschluss an die gestrige „Tagesschau“ gesendete Wetterkarte wurde mit ihrer Prognose eines intensiven und langandauernden Schneefalls bestätigt:

Nachdem sich meine Augen am Morgen des 1. Dezembers an das dunkeltrübe Licht im Draußen gewöhnt hatten, konnte ich schnellfallende große Schneeflocken ausmachen, die in großer Dichte herunterkamen.

Eigentlich wollte ich heute wieder einmal in das Fitness – Studio gehen, aber da ich noch keine Winterreifen aufgezogen hatte, wollte ich das davon abhängig machen, ob der Schnee auf der Straße liegenblieb.

Zwei Stunden später, - nach einem kurzen Gang über den Wochenmarkt war mir klar, dass die Fahrt ins Studio in einem Wagen mit Sommerreifen ein Risiko war, das ich besser nicht eingehen sollte.

Mein Entschluss, diesen Schneetag zuhause abzuwettern, war umso leichter gefasst als meine Bereitschaft zu körperlicher Ertüchtigung ohnehin seit längerem in einem Zustand dauernder Ebbe verharrte.

Wie schön doch, einen Tag einfach so zu vertrödeln:

Ich mühte mich durch einen Aufsatz von Rupert Sheldrake, den ich aufgrund von Konzentrationsstörungen nach fünf Minuten wieder zur Seite legte. Dann griff ich zur Gitarre und übte einige Minuten ein Picking – Muster, das ich aus einer Anleitung auf „You Tube“ aufgelesen hatte. Auch dieses Bemühen habe ich wieder schnell zur Seite gelegt, weil sich einfach nicht die Leichtigkeit der Kombination von Daumen – Bass – Seiten und Zeige – Mittel – und Ringfinger – Zupfen einstellen wollte, die die Übung auf dem Bildschirm so attraktiv erscheinen ließ.

Was tun? Ich zappte durch sämtliche Kanäle, die mir nur irgendwie Interessantes zu offerieren schienen, blieb aber im Durchschnitt keine zwei Minuten bei einer Sendung, so dass ich, nervlich bereits ziemlich destabilisiert, die Glotze ausschaltete.

Dann kam ich auf die Idee, nicht wie angedacht, beim Vietnamesen zu Mittag zu essen, sondern selbst etwas zu kochen.

Ich überdachte meine diesbezüglichen Möglichkeiten, verwarf die Option, den tiefgefrorenen Elsässer Flammkuchen in das Backrohr zu schieben und auch das Schlemmerfilet „Bordelais“ erschien mir nicht attraktiv. Ich sollte mir selbst etwas komponieren, sagte mir mein ansonsten wenig dynamischer Seniorengeist, - wohl auch angeregt durch die in meinem Tageshoroskop enthaltene Anregung, mehr Eigeninitiativen zu entwickeln.

Gedacht – getan:

Ich überprüfte meine Bestände: Da waren drei mittelgroße Kartoffeln, etliche Zwiebeln in einer braunen Papiertüte, eine Portion Tofu „classic“, eingeschweißt in Plastik und vier Tomaten, deren Weichheit eine baldige Verarbeitung empfahl. Außerdem hatte ich noch zwei Habanero – Schoten, Rapsöl und Olivenöl vom Gargano.

Ich wusch die Kartoffeln und schob sie in die Mikrowelle, zerschnitt die Tomaten in gabelgerechte Stücke, ebenso den Tofu und zwei Zwiebeln, gab alles in eine Pfanne, übergoss alles mit dem Rapsöl und schaltete die Herdplatte auf Maximum. Nach wenigen Minuten bekam ich das Mikrowellensignal, dass die Kartoffeln fertig waren, zerteilte diese ebenfalls in mundgerechte Stücke und kippte sie in die inzwischen heiße Pfanne.

Ab und zu rührte ich das Zeug ein wenig um und schmeckte mit Sojasoße ab.

Aber dann, - wie eine Blitzschlag -, begann mich die Kocherei anzuöden und ich schaltete den Herd aus, schob den Deckel auf die Pfanne und dachte: „Da habe ich morgen etwas zum Essen“.

Das war`s:

Ich griff zum Telefon, rief Paul an, der wunderbarerweise sofort ran ging und animierte ihn zu einem spontanen Treffen mit Brotzeit in unserer Bierschwemme.

Er nahm ohne hin und her an und wir verabredeten uns in 30 Minuten.

Als ich aus der Haustüre trat, spürte ich Nieselregen und einen feinen Wind mit Schneepotential.

In der Kneipe war es wie immer: Der einsame Rentner mit Logorrhöe stand an der Theke und hoffte darauf, dass er jemandem ein Gespräch aufdrängen konnte. Dann, - in fünf Meter Abstand vom Laberarsch war da ein junger Mann mit Irokesenschnitt und Pferdeschwanz, der sich einfach nur als cool empfand. Dann war da die Kellnerin, der die Schicksalsfalten ein intellektuelles Aussehen gegeben hatten. Ihre große Begabung war das Fotografieren, aber ihre Bilder, die wirklich gut waren, wurden nur gelegentlich von dem lokalen Käseblatt abgedruckt.

Und dann kam auch schon Paul zur Türe herein und ließ zum Händedruck statt Begrüßung auch schon eine seiner beliebten philosophischen Anmerkungen los:

„Wenn wir in einer Simulation leben, wie Bostrom, Campbell und andere meinen, - ist dann diese Erkenntnis auch nur Teil der Simulation, oder was?“

Er schnaufte laut und signalisierte der Kellnerin – Fotografin per Zeichensprache, dass er ein Helles und einen Bärwurz haben wollte. Die Übermittlung des Auftrages war deshalb nicht schwierig, weil er ohnehin immer dasselbe trank.

Dann kam Paul mit einem Spruch, den ich noch nicht von ihm kannte:

„Das technische Wissen der Menschheit und ihre Weisheit klaffen immer mehr auseinander und deshalb wird sich die Menschheit selbst auslöschen.“

Ja, da war etwas dran, gab ich ihm zu verstehen und kippte ein Glas Blutwurz, dem ich einen Schluck Weißbier folgen ließ.

Und schon war Paul wieder am Zug:

„Unsere Deppenregierung, deren mediale Claqueure betreutes Denken durchzusetzen versuchen, ist ein erstes Symptom dafür, was sich an Unheil anbahnt.“

Ich konnte nur noch nicken, weil er ja irgendwo recht hatte, aber dann musste ich an eine Information denken, wonach ein Stammtischbruder und alter schulischer Weggefährte heute Nacht einen Gehirnschlag erlitten hatte, wobei noch nicht klar war, welche Hirnregionen in welchem Maß geschädigt worden waren.

Ich ließ Paul weiterhin ungestört in die rhetorischen Saiten greifen, bestellte mir eine aufgeschmalzene Brotsuppe und brachte meinen Hunger zum Verstummen.

Eine Stunde, ein Weißbier und zwei Schnäpse später bedeutete ich Paul, dass ich wegen eines Telefontermins nach Hause aufbrechen musste.

Paul meditierte gerade über die philosophische Bedeutung des Doppelspaltexperiments und die

Frage, ob Ufos nicht Besucher aus anderen Dimensionen waren, was vielleicht ihre ungewöhnlichen Flugmanöver erklären könnte.

Bevor er dann zu einem seiner Lieblingsthemen übergehen konnte, nämlich dem Rätsel von Atlantis, war ich schon auf der Straße.

In der Gasse um die Ecke lag noch eine Menge Schneematsch, der zu gefrieren begonnen hatte.

Ich ging sehr langsam und vorsichtig.

Kurz vor dem Hauseingang kam mir der Gedanke, noch einen kleinen Umweg zum Dom zu machen und für Ulli und andere mir nahestehende Menschen eine Kerze zu spenden.

In der Kirche, nachdem ich vor der Muttergottes drei Kerzen entzündet hatte, blieb ich noch im Halbdunkel des wunderbaren gotischen Gewölbes sitzen und versuchte das zu erahnen, was unserem eindimensionalen Verstand nicht begreifbar war: Dass alles gut ist und wunderbar und ein zeitloses Ganzes bildet und dass wir nicht wissen, sondern nur erfahren können.

Dann aber, so huschte ein Gedanke, - den ich bei Wittgenstein gefunden zu haben glaube-, durch den heiligen Raum, nämlich dass wir die Türe, die nur nach Außen geöffnet werden kann, nicht immer nur zuziehen sollten (oder umgekehrt?!)

(Ich weiß, dass ich diesen Gedanken schon in anderem Zusammenhang erwähnt habe.)

Ich kam ins Jetzt zurück und spürte die Kälte.

Ja dann halt!

Die wenigen örtlichen Überlebenden unserer Abiturklasse treffen sich jeden Mittwoch um 16Uhr beim Portugiesen.

Die Zahl der Teilnehmer schwankt dabei zwischen drei und fünf, abhängig davon, ob sich die zwei Schwestern, eine aus unserer Klasse, die andere, die 4 Jahre älter ist und die das unteilbare Zweierpack vervollständigt, aus ihren zahllosen verschiedenen Verpflichtungen lösen können.

Dieses Mal waren die Schwestern gekommen und wir empfanden es alle als gut und wichtig, dass wir uns getroffen hatten. Schließlich hatten sich unsere Reihen bereits schwer gelichtet und mit jedem Todesfall war das Gefühl stärker geworden, dass wir unseren Kontakt pflegen sollten, solange das noch möglich war.

Geändert haben wir diesbezüglich aber doch nichts.

Die Stimmung war gut und die eher asketischen Schwestern hatten sich sogar noch zu einem abschließenden Portwein hinreißen lassen.

Wir zahlten und gingen noch einige Minuten den gleichen Weg und als wir uns trennten, hatte Charles festgestellt, dass er seinen Regenschirm beim Portugiesen vergessen hatte.

„Na, dann nehme ich ihn halt das nächste Mal wieder mit. Die werden ihn mir schon aufheben."

Zwei Tage später läutete gegen 9Uhr mein Telefon: Charles war dran und forderte mich auf, mich zu setzen:

„Stell dir vor, Ullis Frau hat mich gerade angerufen und gesagt, dass er wahrscheinlich einen Schlaganfall erlitten hat. Er sei am Morgen nicht mehr ansprechbar gewesen, dann habe sie die Rettung gerufen und jetzt sei er im Krankenhaus.“

Dann verabschiedete sich Charles, - nicht ohne den Hinweis, dass er nun einige Stücke auf seinem Horn üben würde.

Die Geschichte ließ mir keine Ruhe und so rief ich nach einer Stunde Ullis Frau an. Nun bekam die Geschichte eine noch dramatischere Färbung:

Da in unserer Stadt kein entsprechender Experte zu finden war, hatte das Krankenhaus einen solchen in München angefordert, der dann aufgrund der Dringlichkeit per Hubschrauber eingeflogen worden sei.

Die Operation, - Auflösung eines Blutgerinnsels im Gehirn -, sei dann erfolgreich verlaufen und man hoffe, dass schon alles wieder werden würde.

Ich erkundigte mich nun jeden Tag bei Ullis Frau nach seinem Befinden und sie beruhigte mich bald, dass er wieder sprechen könne, wenn auch mit etwas krächzender Stimme und dass er bald nach Hause entlassen werden würde, dass er aber dann einige Wochen REHA absolvieren müsse, wogegen er sich anfänglich gesträubt habe.

Heute habe ich wieder mit Ullis Frau gesprochen und sie hat mir nach einer Anmerkung, dass er wahrscheinlich auch ein Gichtproblem habe, seine Handynummer gegeben, damit ich ihn selbst anrufen könnte.

Das habe ich eben getan und auf seine Mailbox gesprochen. Fünf Minuten später hat er dann zurückgerufen.

Das Gespräch war insofern etwas nervig, als die Verbindung dreimal abbrach. Ich vermute, dass sein Akku leer war und habe es dann aufgegeben, ein viertes Mal anzurufen.

Dann rief mich Charly an und erzählte mir, dass der gestrige Einsatz seiner Bläsergruppe auf einem nahen Christkindlmarkt recht gut abgelaufen sei. Dann erzählte ich ihm, was ich von und über Ulli erfahren hatte.

Letzter Satz von Charlie: „Ich darf am Mittwoch beim Portugiesen meinen Schirm nicht vergessen“.

Ende

Gut so!

Mein letzter Traum in dieser nicht enden wollenden Nacht enthielt ein Gespräch mit einem inzwischen verstorbenen Musikerfreund, mit dem ich vor über 60 Jahren in einer Schülerband gespielt hatte.

Unsere Auftritte fanden meistens in ländlichen Bierkaschemmen statt, in denen es noch vor Beginn der Veranstaltung nach kaltem gestrigen Zigarettenrauch, Bierrülpsern und Urin roch.

Besagter Musikerfreund hatte mir Träumendem eröffnet, dass er, wenn er durch eine Wiese ging, verstehen konnte, was die Insekten einander mitteilten.

Dann erwachte ich kurz vor den 6Uhr – Nachrichten, hörte etwas über den Mangel der Ukraine an Munition, - auch darüber, dass der Gaza – Krieg noch Monate dauern konnte und über massive Drohungen des Bauernverbandes gegenüber der Ampelregierung, welche sich durch die Beschwörung einer Klimakatastrophe in einer unauflösbaren, unbezahlbaren und weglosen Ziviltheologie verheddert hatte.

Irgendwann nach dem üblichen Espresso fiel mir ein, dass heute Freitag war und ich somit Gelegenheit hatte durch den Wochenmarkt zu streifen.

Ohne Rasur und ohne Zähneputzen machte ich mich auf den kurzen Weg, wobei mich eine uralte Mütze aus Plastikmischung vor dem kalten Nieselregen schützte.

Ich erstand ein Pfund Tomaten aus Spanien, zwei Wasserrüben und ein saftiges Stück geräucherten Heilbutt.

Ich trug Turnschuhe, die der Nieselregen schon nach kurzer Zeit durchgeweicht hatte.

Dann war ich wieder in der Wohnung, zog die nassen Schuhe auf einem bereitliegenden Putzlumpen aus und verspeiste auf der Couch vor dem Fernsehgerät ein Butterbrot mit Tannenhonig.

Jetzt war die Zeit zu den Klängen eines Oboenkonzertes von Albinoni ein bisschen Schlaf nachzuholen.

Gut, dass ich schon alles erledigt hatte!

Ende

Weihnachtsstimmung

Ich habe keine Fernsehzeitschrift und bin deshalb bei der Programmsuche per Schneppern an der Fernbedienung auf den Zufall angewiesen.

Als ich so von Kanal zu Kanal glitt, vorbei an einer alten Schwarz - Weiß – Verfilmung eines Romans von Edgar Wallace, dann zu einem kurzen Stopp bei „Mit Schirm, Charme und Melone", wobei der Hintern von Emma Peel uralte Pubertätserinnerungen weckte, tauchte ohne Vorwarnung der ungebrochene Gesichtsausdruck des Bundespräsidenten mit festlich herabhängenden Mundwinkeln auf, der irgendetwas von der Notwendigkeit nuschelte, „gemeinsam nach vorne" zu gehen.

Schock und weg damit! Dann schon lieber beim „Schatz im Silbersee" verweilen.

Dann aber schlief ich auf meinem Fernsehsofa ein und erwachte vom Glockengeläute des nahen Doms.

Es war dunkel, ich war allein und vor mir stand ein halbvolles Glas Lugana.

Wie und wann ich ins Bett gekommen war, weiß ich nicht mehr.

Als ich aufwachte, zeigte der Wecker, dass ich gerade so etwa fünf Stunden geschlafen hatte.

Ich versuchte gar nicht erst noch eine Mütze von Schlaf zu ergattern, weil das erfahrungsgemäß nie klappte, sondern zog die neben dem Bett liegenden

Sachen von gestern an, trank meinen üblichen Espresso und ein Glas Wasser mit einem Spritzer Apfelessig und verließ das Haus.

Dann war ich auf einmal im Dom, wo die Morgenmesse mit tiefen Orgelbässen einsetzte.

Um mich herum waren die Menschen weihnachtlich geduscht und hatten ihren Blick auf den Modus „Ehrerbietung dem Heiligen“ eingestellt.

Nach10 Minuten verließ ich den Dom und setzte mich an einen der fast verwaisten Glühweinstände, wo mir wider Erwarten tatsächlich ein Weißbier serviert wurde.

Ich rundete den Preis von 4 Euro 40 auf fünf Euro auf, worauf mir die dunkel gewandete junge Bedienung schöne Feiertage wünschte.

Zuhause schaltete ich wieder das Fernsehgerät ein, wo gerade die Messe vom Petersplatz übertragen wurde.

Aber Pech: Gerade als der Papst anhob den Segen „urbi et orbi“ zu spenden, läutete das Telefon. Es war mein Bruder, der verkatert und mit verlogenem Interesse anfragte, wie ich den Heiligen Abend verbracht hätte. Nun war meine ohnehin nicht vorhandene „Weihnachtsstimmung“ (ein Wort wie aus einer Redevorlage des Regierungssprechers) auf jeden Fall ganz futsch.

Ich weiß nicht mehr, was ich ihm an Antwort auftischte, aber das ist wurscht, weil es ihn ja ohnehin nicht wirklich interessierte.

Jedenfalls, um zum Thema Weihnachten zurückzukommen, musste ich an einen Satz denken, den Loriot einer seiner Figuren in den Mund gelegt hatte: „Früher war mehr Lametta“.

Da musste ich daran denken, dass ich, wie eine zufällige Wanderbekanntschaft im Bayerischen Wald mutmaßte, ja schon „auf die 80iger“ zuging.

Na ja, morgen war ja auch noch ein Weihnachtsfeiertag und vielleicht stellte sich ja dann Weihnachtsstimmung bei mir ein.

Ich schenkte mir ein Glas Wein ein, schnepperte an der Fernbedienung und blieb bei einem Sherlock Holmes – Film in gemütlichem Schwarz/Weiß hängen.

Ende

Volksfest

Der Winter war nach meinem Gefühl noch nicht vorüber, als ich auch schon wieder einige Plakate sehen konnte, welche das alljährliche Frühjahrsvolksfest, im lokalen Dialekt „Frühjahrsdult" genannt, ankündigten.

Als es dann so weit war an einem Freitag im April, schob ich mein Fahrrad aus der Tiefgarage, pumpte die winterlich erschlafften Reifen auf drei Atü auf und schwang mich, nach meinem Eindruck überraschend gelenkig, auf den Sattel.

Das Wetter war mild und sonnig und ein stetig zunehmender Strom von Dult – Interessierten hatte begonnen sich Richtung Festplatz zu bewegen.

Ich war froh darüber mein Fahrrad benützen zu können, denn ich konnte mir vorstellen, dass ich von der Menge der Unterhaltung Suchenden bald genug haben würde und Dank Fahrrad würde ein schneller Rückzug möglich sein.

Etwa jeder und jede Fünfte trug Lederhose bzw. Dirndl und ich stellte mir wie jedes Mal die Frage, ob mittels Trachtenbekleidung Bier, Würstl, Steckerlfisch, Emmentaler oder die Fischsemmel (neben Krachmandeln, Pizza, Gemüsepfanne und Zuckerwatte) vielleicht einfach besser mundeten.

Irgendwer hat einmal gesagt, dass das Volk nicht „tümlich" sei, aber ein unterschwellig - tümelndes

Krallen nach Identität konnte man den Trachtlern schon anmerken.

Ich parkte mein Fahrrad in einem der Hunderte von Ständern vor dem Bierzelt, merkte mir die Reihe und schlenderte Richtung Fischsemmel – Stand.

Meine Wahl fiel auf Matjessemmel „klassisch" mit extra vielen Zwiebeln und dann setzte ich mich vor den sogenannten „Märchenzug" und genoss die Freude der kleinen Kinder, die in den Wagons und auch auf der Lokomotive Platz gefunden hatten.

Als sich der Zug auf dem kleinen Schienenkreis in Bewegung gesetzt hatte, begannen die beobachtenden Eltern zu winken. Ich stellte fest, dass die kleinen Kinder zu konzentriert waren, als dass sie das Winken hätten erwidern können.

Und noch etwas fiel mir auf: In früheren Jahren hatte der Schornstein der Lokomotive noch richtigen Rauch abgegeben, heute nicht.

Ich war sehr enttäuscht und mir taten die Kinder leid.

Dann aber, als der Zug nach der zweiten Runde aus dem kleinen Tunnel herauskam, konnte man plötzlich doch noch Rauch aus dem Kamin der Lokomotive kommen sehen.

Na also! Jetzt freute ich mich!

Entgegen meiner ursprünglichen Absicht verzichtete ich auf eine Maß Wiesenbier und radelte entgegen dem angeschwollenen Strom der Dultbesucher slalommäßig in Richtung meiner Wohnung.

Dort holte ich eine Flasche apulischen Primitivo Rosee aus dem Kühlschrank, drehte den Schraubverschluss auf und schenkte mir ein.

Ja, was war dieses Leben eigentlich? – Eine Simulation, ein Metaversum oder doch einfach nur ein Zufall, bei dem dann irgendwann der Lichtschalter abgeknipst wird?

Dann fiel mir ein, dass die Lokmotive doch noch Rauch produziert hatte und war deshalb irgendwie froh.

Auf der Weinflasche las ich:

„Doppio Passo, Puglia, Primitivo“

Dann hätten wir das auch wieder gehabt!

Ende

Alles sehr interessant

Das folgende hat sich vor langer Zeit ereignet und ich weiß nicht, warum ich mich gerade heute daran erinnere.

Vielleicht deshalb, weil heute Pfingstsonntag ist und mir in diesem Zusammenhang der Heilige Geist eine Botschaft senden will.

Es war so:

Es war das Läuten einer älteren Person, was meist daran zu erkennen ist, dass solche Besucher den Finger erst dann von der Glocke nehmen, wenn sie selbst das Echo ihres Läutens aufgefangen haben. Das kann, - je nach Qualität des Gehörs -, natürlich dauern.

Ich steckte meinen Kopf aus der Haustüre und fixierte die etwa 30 Meter entfernte Gartentür, die sich langsam auftat, nachdem ich den Öffner gedrückt hatte.

Herein schlich mein Freund Fritz, leicht gebückt, mit Hut und dem Gesichtsausdruck eines alten Hundes, dem man gerade die Wurst vor der Schnauze weggezogen hatte.

Fünf Meter vor der Haustüre begann er mit gebrochener immer wieder ins Falsett rutschender Stimme zu jammern:

„Ich muss mit jemandem reden, es ist ja so schlimm!“

Da wusste ich auch schon Bescheid: Es ging um seine Gaga – Lebensgefährtin Renate, die er, noch in reiferem Alter auf der Suche, bei einer Tanzveranstaltung für Senioren abgeschleppt hatte.

Ihre Hauptmerkmale waren ihr krankhafter Hang billige Fummel von Flohmärkten zusammenzuraffen, eine fremd – Schämen heischende Halbbildung, die sie geradezu geschmäcklerisch ausbreitete und ihre Neigung zu hysterischen grundlosen Wutausbrüchen.

Fritz besuchte mich im Schnitt zweimal pro Woche, um über seine schwierige Partnerschaft zu sprechen.

Kaum saß er auf der Couch im Wohnzimmer, hatte er sich schon eine Zigarette angezündet und klagte mit hoher schwacher Stimme:

„Es wird immer schlimmer!“ Pause, - Zigarettenzug. „Heute hat sie mich vor dem Kaminkehrer blamiert. Ich war gerade am Kochen, da hat der Kaminkehrer geläutet und mitgeteilt, dass er gerade in der Gegend war und einfach versuchen wollte, die demnächst ohnehin fällige Untersuchung durchzuführen. Daraufhin hat mich Renate angeschnauzt, und geplärrt, ob ich denn zu dumm sei, um einmal etwas genau auszumachen.“

Darauf sei er so erschüttert gewesen, dass er den teuren Hecht, den er gerade in der Küche zubereiten wollte, in den Abfalleimer geworfen, wortlos das

Haus verlassen – und sich auf den Weg zu mir gemacht habe.

Tiefes verwundetes Schnaufen: „Jetzt will sie auch noch unbedingt heiraten, nicht aus Liebe, sondern wahrscheinlich, weil sie einmal etwas von meiner Pension abkriegen will. Was soll ich denn nur tun, gib mir einen Rat!“ Es folgte ein tiefer Zug an der Zigarette, wobei Asche auf meinen edlen anatolischen Tashpinar – Teppich fiel.

Ich, - ohne Hoffnung auf Resonanz:

„Vielleicht wäre es das Beste, wenn du einen Schlussstrich ziehen würdest und ihr sagen würdest, dass du keinen Sinn in eurer Beziehung mehr siehst?!“

„Aber dann bin ich ja ganz allein.“

Ich kalauerte: „Besser ein Ende mit Schrecken als ein Schrecken ohne Ende.“

Er: „Hm…hättest du einen Schluck für mich?“

Ich huschte in die Küche und füllte ein Glas mit dem schon etwas abgestandenen Kochwein, der dort auf seine Verarbeitung wartete.

Fritz: „Mei, der tut mir jetzt richtig gut! Entschuldige, dass ich dich mit meinem Schmarrn belästige.“

Ich mit verlogenem Augenkontakt: „Du belästigst mich nie; - wie oft warst du schon für mich da, wenn ich dich gebraucht habe!“ (Ich wusste eigentlich gar nicht, wann er denn für mich dagewesen wäre, außer beim Kneipengespräch und beim Ansatz –

schwachen Tröten in unserer suboptimalen Dixielandband).

Fritz kippte seinen Wein in einem Zug runter und erhob sich.

„Dann lasse ich dich jetzt wieder in Frieden und schau, was die Renate macht.“

Weg war er.

Epilog:

Etwa ein Jahr später war er an seinem zweiten Herzinfarkt verstorben, Renate hatte dann einen anderen Lebenspartner, von dem sie sich aber nach kurzer Zeit wieder trennte. Wir vermuteten, dass er Varianten des Liebesspiels betrieb, die sie nicht akzeptieren konnte.

Dann war noch zu hören gewesen, dass sie nach Mannheim übergesiedelt war. Den Grund wusste niemand. In Mannheim soll sie dann auch gestorben sein. Aber niemand wusste genaueres.

Manchmal denke ich mir, dass es pfundig wäre, wenn ich Fritz im Jenseits wieder treffen würde. Wir würden dann einen trinken, über Bix Beiderbecke, Fritzens Jazz – Vorbild, Begeisterung austauschen und dann noch einen trinken.

Ich vermute, dass Fritz dann wieder in die Kirche eingetreten wäre, die er vor Jahren mit schlechtem Gewissen verlassen hatte.

Ich muss aber anfügen, dass er nach dem Kirchenaustritt immer wieder einmal den Gottesdienst besucht hatte und – wie er mir anvertraute -, großzügig für den Klingelbeutel spendiert hatte.

Sein Kommentar: „Ich kann ja doch keine Dienstleistung ohne Gegenleistung in Anspruch nehmen."

Vermissen tue ich ihn schon sehr!

Ende

Tapetenwechsel

Ich saß auf der Bank neben dem Kiosk, in dem lt. Aufschrift die Tickets für die kleine Schiffsreise zu der Wallfahrtskirche auf der Insel Barbana verkauft werden würden: Hin und Rückfahrt sollten 10 Euro Kosten.

Ich hatte noch etwa eine Stunde bis zur Abfahrt. Ich war also viel zu früh dran, weil ich heute im zweiten Anlauf den Weg zur Ablegestelle bzw. zur Ticketverkaufsstelle, viel schneller geschafft hatte als gedacht.

Zwei Tage zuvor hatte ich mich beim Probesuchen nach der Stelle, wo die Barbana – Schiffe ablegten, hoffnungslos im Gewirr des Centro Storico meines Urlaubsortes Grado verfranst.

Dieses Mal aber hatte ich mein Smartphone auf Navi programmiert und war tatsächlich nach 10 Minuten am gesuchten Ort eingetroffen: Ein Wunder für mich, der ich mich in der Smartphone – Generation zunehmend fühlte wie ein von der Inquisition verfolgter Ketzer bei der Weihnachtsmesse im Petersdom.

Ich saß also auf einer Bank vor der Verkaufsstelle für Barbana – Tickets und war dort absolut allein.

Vor mir lag eine Art Kanal, der Grado von der angrenzenden Insel Schiusa trennt. Der Kanal war nach beiden Seiten über hunderte von Metern von Booten aller Art zugeparkt.

Nun begann sich das Licht zu verdunkeln und eine schnell ziehende Wolkenbank schickte feinen Sprühregen nach unten.

Noch kein anderer Mitreisender hatte sich eingefunden.

Da entschied ich mich zu einem kleinen Spaziergang über eine Brücke, die nach Schiusa hinüberführte.

Warum war ich eigentlich die ca. 600km nach Grado gefahren?

Wenn ich jetzt die Möglichkeit gehabt hätte mich wieder nach Hause zu beamen, hätte ich das getan

Noch vor wenigen Jahren war ich, häufig „in der Weltgeschichte herumgereist“, wie man so sagt. Dann kamen einige gesundheitliche und berufliche Einbrüche mit dem Effekt, dass ich nun schon einige Jahre nicht mehr aus meinem Wohnort herausgekommen war.

Dass mich das eigentlich nicht mehr beunruhigte, hat mich dann doch beunruhigt. Und so wollte ich mir durch eine Reise beweisen, dass ich noch in der Lage war auf Reisen zu gehen. Ungefähr so sah der Grund für meinen Reiseentschluss aus.

Nach etwa 20 Minuten, die ich auf einer Bank auf der auffallend nichtssagenden Insel Schiusa verbracht hatte, überquerte ich wieder die Brücke, die mich direkt zum Kiosk brachte, wo man die Barbana – Tickets bekommen konnte.

Die Szene hatte sich grundlegend verändert: Das Fenster im Ticket – Kiosk war geöffnet, ein Bediensteter saß drinnen im Halbdunkel, bereit den Fahrschein gegen 10 Euro (Hin – und Rückfahrt) auszuhändigen. Vor dem Schiff, das aufgrund einiger seemännisch wirkender Gestalten, die sich undurchschaubarer Aktivitäten befleißigten, als das angesagte Transportmittel identifizierbar war, herrschte reges Stimmengewirr:

Ich zählte insgesamt 11 Personen, die sich teils auf ihren Rollator stützten oder im Rollstuhl saßen und dazu insgesamt drei Betreuer, die sich mit wunderbarer Freundlichkeit um ihre Schutzbefohlenen kümmerten.

Ich kam ins Nachdenken: Die Mitreisenden bei meiner Schifffahrt auf die Wallfahrtsinsel hatten allesamt ihr Leben bis auf einen sehr kleinen Rest schon hinter sich. Gehörte ich vielleicht bereits zu ihnen, auch wenn ich noch selbständig gehen konnte? War all das vielleicht ein Signal oder eine Botschaft, die ich entschlüsseln sollte?

Hatte meine Reise den Zweck, mir genau an diesem Ort und zu diesem Zeitpunkt diese Frage zu stellen?

Um den Kopf freizubekommen war ich die Treppen auf das Oberdeck hinaufgestiegen. Dort saß ich nun die 20 Minuten allein im kühlen Wind, den Blick auf vereinzelte Grasinseln gerichtet, auf denen erstaunlich große Möwen verweilten. Dann tauchten auch schon die Türme des Klosters auf und meine Mitreisenden auf dem Unterdeck stellten sich, wie der geänderte Tonfall ihrer Unterhaltungen andeutete, auf die Landung ein.

Wenige Minuten später folgte ich dem Pulk aus Rollatorbenutzern, Rollstuhlfahrern und Betreuern auf dem Weg zu einer kleinen Cafeteria, wo ich, in gewissem Abstand zu den anderen, einen ausgezeichneten Espresso genoss.

Dann war ich auch schon in der Kirche vor dem wundertätigen Madonnenbild, entzündete eine Kerze und betete für alle, die mir am Herzen lagen, für Lebendige und Tote.

Noch dreißig Minuten bis zur Rückfahrt.

Ich kaufte im gut bestückten Laden für Devotionalien ein kleines Bild der Madonna von Barbana, das mit einem Magneten zu Befestigung am Kühlschrank oder im Auto versehen war.

Auf der Rückfahrt nach Grado fiel mir auf, dass ich, mit Ausnahme eines Paares mittleren Alters der einzige Passagier war. Die Gruppe mit ihren Betreuern hatte sich noch einen längeren Aufenthalt gegönnt. Verständlich, war doch für Menschen, die sich quasi schon in der Nachspielzeit des Lebens befanden, jede „Spielunterbrechung“, wie etwa so ein Ausflug, mehr an Leben als ein Tag im Pflegeheim.

Kurz vor dem Anlegen kam mir dann noch die Erinnerung an einen Satz, den ich irgendwo gelesen hatte: „Die Welt ist ein unermesslicher Ozean von

Antworten; ihn glücklich zu befahren bedeutet die passenden Fragen zu stellen.“

Am Abend dieses Tages saß ich vor der Cafeteria am Hafen und trank mehrere Gläser eines exzellenten Weißweins aus dem Friaul.

Als ich bezahlte, war ich überrascht, dass das Glas Wein nur zwei Euro kostete. So gesehen war dieser Tag gar nicht schlecht gewesen.

Ende

Ein anspruchsvolles Gespräch

Dass ich Xandi (er hieß eigentlich Alexander, wurde aber seit Urzeiten immer nur Xandi genannt) traf, war reiner Zufall gewesen:

Nach Jahren, in denen wir keinerlei Kontakt mehr gehalten hatten, begegneten wir uns etwa in der Mitte eines Fußgängerüberganges, nachdem die Ampeln den Autos Rot geboten hatten, den Fußgängern aber Überqueren durch Aufleuchten eines grünen Männchens gewährt hatte.

Wir erkannten uns quasi gleichzeitig und standen nun für eine knappe Sekunde vor der Entscheidung, wer mit dem anderen zu dessen Ausgangspunkt bzw. Zielpunkt gehen sollte, denn dass wir einfach mit einem Gruß aneinander vorbeigehen würden, kam aufgrund unserer uralten Bekanntschaft nicht in Frage.

Ich gab nach und drehte mit Xandi zu dem von ihm angepeilten Zielpunkt, den zu verlassen ich eigentlich vorgehabt hatte.

Ich wollte einfach Verbindlichkeit signalisieren.

Nun standen wir beide nebeneinander am Straßenrand und lächelten uns inhaltlos an.

Da ergriff Xandi unvermittelt und auf etwas überraschende Weise das Wort:

„Also ins Altersheim gehe ich auf keinen Fall“. Dazu starrte er auf den Boden und schnaubte wenig hörbar.

Ich, eigentlich kalt erwischt, mit verlogen – verbindlichem Tonfall:

„Das käme für mich auch nicht in Frage. Aber wer drängt dich denn? Dein Bruder, deine Schwestern oder deine Frau?"

„Eigentlich alle, aber auf verschiedene Weise." Xandis Blick ging in unergründliche Fernen.

„Mit meinen Geschwistern bin ich eh schon seit langem fertig, das Problem ist aber meine Frau, mit der mich noch einiges verbindet. Du erinnerst dich vielleicht noch daran, dass ich die Hölderlin – Übersetzungen der Pindar – Oden vertont hatte. Und der „Schnack" (das war der Kosename für seine Frau, wie ich mich nun erinnerte) hat meine Kompositionen dann gesungen. Und zwar genau so wie ich mir das vorgestellt hatte. So eine Übereinstimmung auf höchster künstlerischer Ebene verbindet natürlich. Trotzdem traue ich ihr auch nicht mehr."

„Glaubst du, dass sie hinter deinem Rücken mit deinen Geschwistern kommuniziert?"

Xandi, als ihn eine Frau mit Kinderwagen leicht streifte: „Geht's noch?"

Ich, obwohl das überhaupt nicht mein ehrlicher Wunsch war:

„Hast du Zeit und Lust, dass wir uns im Augustiner ein Weißbier kaufen und in Ruhe ein bisschen ratschen?"

„Ich habe in meiner Diplomarbeit, für die mir die gebührende Bestnote verweigert worden war, Hegel zitiert, der gesagt hatte, dass das Ganze das Wahre ist oder das Wahre das Ganze; - wie rum weiß ich jetzt nicht mehr, ist ja auch wurscht. Aber jedenfalls wäre es unendlich zeitraubend, wenn ich dir die ganze Wahrheit der Schnack – Problematik erklären müsste. So viel Zeit habe ich aber nicht, weil ich mir ganz dringend Notenpapier besorgen muss. Also Servus!“

Weg war er.

Ich wartete, bis das grüne Männchen aufleuchtete und setzte den Weg fort, der durch das plötzliche Auftauchen von Xandi unterbrochen worden war.

Was wollte die Lebensregie mit dieser Begegnung sagen? Oder gab es hier keine Bedeutung.

Auf jeden Fall konnte ich Xandi von der kürzer werdenden Liste möglicher Gesprächspartner streichen.

Heute Nacht, in der schlaflosen Zeit zwischen zwei Pinkelpausen, würde ich nochmals über diese Begegnung nachdenken.

Oder auch nicht.

Ende

Vor dem Kirchgang

Mein Bruder hatte den Artikel der Lokalzeitung abphotographiert und ihn mir auf mein Handy geschickt:

In dem Artikel wurde über den Tod einer mir seit 1952 bekannten Frau informiert, mit der ich die ersten vier Klassen der damals so genannten „Volksschule“ besucht hatte, bevor ich dann auf das Humanistische Gymnasium überwechselte.

Ich hatte sie in den nächsten Jahrzehnten immer wieder einmal zufällig auf der Straße getroffen und mich dann darüber gefreut, weil sie eine so selten freundliche Art hatte.

Einmal hatten wir ein längeres Gespräch als üblich und sie hatte mir erzählt, dass sie sich bei „Amnesty International“ engagieren würde und hatte auch nicht versäumt anzuregen, dass ich mir doch auch eine Mitwirkung überlegen sollte.

Das hatte ich damals zwar versprochen, aber dann keinen weiteren Gedanken darauf verwendet.

Bevor ich mich vorhin an den Laptop gesetzt habe, hatte ich die Balkontüre geöffnet, um mehr frische Luft in meine Wohnung zu lassen. Jetzt begann es unangenehm kalt an meinen Rücken zu ziehen und ich raffte mich auf, um die Balkontüre wieder zu schließen. Dabei konnte ich noch einen kurzen Blick auf zwei Wanzen erhaschen, die blitzschnell zwischen den Ritzen des Balkonbodens abtauchten.

Vor einigen Jahren hätte ich versucht sie aus ihrem Versteck zu treiben und dann zu zertreten. Jetzt konnte ich kein Tier mehr töten, - keine Fliege, Wanze, keine Wespe, auch keine Spinne.

In dem Artikel wurde auch gesagt, dass meine ehemalige Klassenkameradin „nach langer schwerer Krankheit“ verstorben war.

- Also wohl wieder einmal ein Krebstod.

Der Trauergottesdienst war für heute, 14Uhr, angesetzt und ich hatte mir vorgenommen hinzugehen, obwohl das Wetter in jeder Hinsicht unfreundlich war, - nasskalt und windig -, und ich noch die Auswirkungen der gestrigen Schlaftablette spürte, die als allgemeiner Energieverlust zu spüren waren.

Mehr und mehr empfand ich es als merkwürdig, dass von so vielen Bekannten, Verwandten und Freunden, die bereits gegangen waren, ich noch in diesem Diesseits, das einen wuchernden Dschungel voller Rätsel und Fragen bot, meine kürzer werdenden Tagesrunden drehte.

Kübler – Ross hatte an einer Stelle gemeint, dass der einzige Zweck unseres Daseins die Zunahme unseres/des Wissens sei.

Darüber denke ich mehr und mehr nach, zusammen mit Themen wie Psi, Ufos, Nahtoderfahrungen und vieles mehr in der Art.

Wenn Einstein recht hatte, der sagte, dass alle Verallgemeinerungen falsch sind einschließlich dieser, dann ist wohl wenig dran an unserem Glauben an wissenschaftlichen Fortschritt bzw. an die Existenz von Naturgesetzen, die man entdecken könne.

Dann ist aber unsere einzige Hoffnung die auf göttliche Offenbarung.

Damit sind meine Überlegungen, ob ich mir den Weg zum Trauergottesdienst antun soll, beendet.

So wie es aussieht, werde ich gehen.

Oder doch nicht?

Ja doch!

Ende

Suche nach einem Standort

Gestern abends habe ich mit meiner Frau, die mich wieder einmal besucht hat, das übliche Ankunftsbier getrunken: Zwickelbier, auch „Kellerbier“ genannt, vom Fass.

Auf dem Heimweg haben wir dann noch eine früher oft von uns besuchte Weinstube besucht, die den Pächter gewechselt hatte. Für einen Werktagabend war das Lokal erstaunlich voll. Der recht gute Wein wurde in edlen Gläsern serviert. Also alles ziemlich positiv, - bis auf die Lautstärke einiger Gäste.

Am nächsten Morgen, meine Frau war noch in ihrem Zimmer mit Yoga beschäftigt, las ich einige Zeilen von Henri Bergson.

Dabei kamen mir wieder einmal Gedanken zum Thema „Was ist Zeit?“ in den Kopf.

Alle möglichen großen Geister haben sich ja dazu geäußert, aber die für mich überzeugendste Aussage kommt von Augustinus:

„…Was aber ist Zeit? Wenn mich niemand danach fragt, weiß ich es; will ich einem Fragenden es erklären, weiß ich es nicht.“

Irgendwie passt diese Aussage als eine Art Begleitmusik zu meinem Bauchgefühl, das sagt, dass wir in Platons Höhle existieren, wo gerade die Banalität des Erlebten auf dessen Schattencharakter schließen lässt, also auf etwas, das die Schatten wirft.

Will sagen, dass die Banalität meiner oben erzählten kurzen Geschichten eine Ahnung von der tatsächlichen Wirklichkeit vermitteln könnte. Könnte…

Übermorgen ist Kirchweih und aus Gründen, die ich nicht benennen kann, habe ich das folgende „Gedicht“, wie ich es benennen will, niedergeschrieben:

Kirchweih

Lang schon Feuer im Ofen,
Unter nassem Laub kleine Erinnerung.
Noch tragen die Bäume Blätter,
Aber deren Farbe ist schon wie gefrorene Erde.
Gespräche enden im sich Verlaufen,
Und dort, wohin man zu hören versucht,
Am inneren Strand,
Mit Schildkröten in der Nachmittagssonne,
Wo das Wasser flach ist und klar
Und warm mit bunten Steinen,
Sind die Tage auch schon kurz geworden.

Mehr kann ich heute nicht sagen.

Ende